AF755423

डॉ. श्यामा प्रसाद मुखर्जी

(जीवन कथा)

प्रकाशक / लेखक की अनुमति के बिना इस पुस्तक को या इसके किसी अंश को संक्षिप्त, परिवर्धित कर प्रकाशित करना या फ़िल्म आदि बनाना कानूनी अपराध है।

डॉ. श्यामा प्रसाद मुखर्जी

संजय दुबे

श्रृंखला सम्पादक
लीलाधर मंडलोई

वाणी प्रकाशन ग्रुप
भारतीय ज्ञानपीठ
वाणी प्रकाशन : भारतीय ज्ञानपीठ की पुस्तकों के एकमात्र प्रकाशक एवं वितरक

सजिल्द पहला संस्करण : 2017
सजिल्द दूसरा संस्करण : 2024

शिक्षोदय ग्रन्थमाला : ग्रन्थांक 054

प्रकाशक
वाणी प्रकाशन ग्रुप
4695, 21-ए, दरियागंज, नयी दिल्ली-110 002
फ़ोन : 011-23273167, 23275710
ईमेल : sales@vaniprakashan.in

ISBN : 978-93-263-5541-4

डॉ. श्यामा प्रसाद मुखर्जी
(जीवन-कथा)
संजय दुबे

© संजय दुबे

DR. SHYAMA PRASAD MUKHARJI
(Jeevan-Katha)
by Sanjay Dubey

मुद्रक : आर. टेक ऑफ़सेट प्रिंटर्स, दिल्ली-110 032

Price: 295

भारत के भविष्य युवा : साथियों के लिए

मेरी बात

डॉ. श्यामा प्रसाद मुखर्जी विलक्षण प्रतिभा के धनी थे। वह एक प्रसिद्ध शिक्षाविद् के साथ एक कुशल राजनेता थे। जिन्होंने भारतीय राजनीति में एक सकारात्मक विपक्ष की भूमिका का निर्वाह किया। उनके मानवीय गुणों के ऐसे अनेक उदाहरण हमारे सामने परिलक्षित होते हैं जिनसे उसके मानवीय संवेदना प्रकट होती है। वह बिना किसी भेदभाव के सभी के साथ एक मानव होने का दायित्व निर्वाह करते थे। चाहे वह देश में अकाल हो या साम्प्रदायिक हिंसा सभी आपदाओं में वह अपनी परवाह किये बिना हर कमजोर को मदद करने के लिए तत्पर रहते थे। देश भक्ति तो उनके जीवन का एक हिस्सा थी जिसके लिए वह हर समय तैयार रहते थे।

श्यामा प्रसाद जी ने देश की एकता और अखंडता के लिए निरन्तर कार्य किया। आजादी के पूर्व और आजादी के बाद भारतीय राजनीति में भी उन्होंने ऐसे तत्त्वों का विरोध किया जिन्होंने देश की एकता को कमजोर करने की कोशिश की। उनका जीवन युवा पीढ़ी के लिए एक आदर्श है। इस पुस्तक में उनकी जीवन की संक्षिप्त कथा है जिससे युवा पीढ़ी लाभान्वित होगी।

—संजय दुबे

जिस काम को भी आप करें वो एकदम अच्छी तरह से करें। उस काम को बीच में ना ही रोकें और ना ही छोड़ें। शुरू करे हुए काम को तब तक करते रहिए जब तक आप खुद में संतुष्ट ना हो जाएँ। अपने अन्दर अनुशासन और सहनशीलता लाएँ। दूसरों के अन्दर दोष निकालने से अच्छा है कि आप अपने विरोधियों की अच्छी कही हुई बात की सराहना करें।

—डॉ. श्यामा प्रसाद मुखर्जी

डॉ. श्यामा प्रसाद मुखर्जी

माँ बाप ने संस्कारित किया,
संस्कार उनमें फलीभूत होने लगे।
वे देश के लिए संस्कारी गढ़ने लगे,
विचारों से देश को समृद्ध करने लगे॥

भारत के महान शिक्षाविद् सबसे कम उम्र में कलकत्ता विश्वविद्यालय के कुलपति और भारतीय राजनीति में जनसंघ के संस्थापक अध्यक्ष डॉ. श्यामा प्रसाद मुखर्जी का जन्म एक सम्पन्न और प्रतिष्ठित ब्राह्मण परिवार में 6 जुलाई, 1901 को कलकत्ता में हुआ। उनके बचपन का नाम बेणी था। लोग उन्हें 'भूति' कहकर भी पुकारते थे। अपने नाम श्यामा प्रसाद के अनुरूप वे साँवले थे। उनके पिता का नाम श्री आशुतोष मुखर्जी और माता का नाम योगमाया देवी था। इनके दादा श्री गंगाप्रसाद मुखर्जी पेशे से चिकित्सक एवं अतिधार्मिक प्रवृत्तिवाले थे। पूरा परिवार धर्मपरायण एवं माँ काली का विशेष भक्त था। श्यामा प्रसाद बचपन से ही खाने-पीने के बड़े शौकीन थे। 'सन्देश' उनकी प्रिय मिठाई थी।

संस्कृत एवं प्राचीन धर्म ग्रन्थों में रुचि और अध्ययन की अनूठी लगन श्यामा प्रसाद जी को अपने पिता तथा दादा से विरासत में प्राप्त

अशुतोष मुखर्जी

हुई थी। उनके पिता श्री आशुतोष मुखर्जी दो बार बंगाल लेजिस्लेटिव कौन्सिल के लिए 1899 और 1903 में निर्वाचित हुए। शिक्षा के क्षेत्र में रुचि एवं योग्यता को देखते हुए उन्हें इंडियन यूनिवर्सिटी कमीशन का सदस्य मनोनीत किया गया। उनकी असाधारण प्रतिभा को देखते हुए लार्ड कर्जन ने उन्हें कलकत्ता विश्वविद्यालय का उपकुलपति मनोनीत कर दिया और 1904 में वे कलकत्ता हाई कोर्ट के जज मनोनीत हुए।

इस प्रकार श्यामा प्रसाद जी ने अपनी वंशानुगत परम्परा को आगे बढ़ाते हुए अध्ययन एवं धार्मिक संस्कारों में बढ़-चढ़कर रुचि ली। वे माता-पिता के पास बैठकर उनसे धार्मिक तथा ऐतिहासिक जानकारी प्राप्त करते एवं प्रतिदिन अपने माता-पिता की भाँति माँ

काली की पूजा-अर्चना और पाठ करते थे।

शिक्षा-दीक्षा

श्यामा प्रसाद जी की शिक्षा-दीक्षा का समय आया तो उनके पिता ने उन्हें अँग्रेजी माध्यम के स्कूल में न पढ़ाकर श्री विशेश्वर मिश्र द्वारा स्थापित 'मित्र इन्स्टीट्यूट' में दाखिला दिलाया। यह शिक्षण संस्थान हिन्दी, अँग्रेजी के साथ-साथ बंगला तथा संस्कृत का अध्ययन कराता था। छात्रों को पाठ्यक्रम के अतिरिक्त नैतिक मूल्यों पर भी बल दिया जाता था। उन्हें श्रीराम, कृष्ण, सूरदास, तुलसीदास जैसे भक्तों एवं धर्मशास्त्रों की जानकारी भी दी जाती थी।

श्यामा प्रसाद जी ने 1917 में मैट्रिक परीक्षा प्रथम श्रेणी में उत्तीर्ण की इसके बाद उनका दाखिला प्रेसीडेंसी कॉलेज में कराया गया। वहाँ से उन्होंने 1919 में इंटर आर्ट्स की परीक्षा में विश्वविद्यालय में प्रथम स्थान प्राप्त किया।

प्रेसीडेंसी कॉलेज की वार्षिक मैग्जीन में उन्हें 1920 में सम्पादक मनोनीत किया गया। उनके सम्पादन कार्य की सर्वत्र प्रशंसा हुई। 1921 में बी.ए. (ऑनर्स) की परीक्षा में भी प्रथम रहे। उन्हें स्वर्ण पदक से सम्मानित किया गया।

1923 में एम. ए. और 1924 एल.एल. बी. की उपाधि प्राप्त की। उसके बाद कलकत्ता हाईकोर्ट में वकालत करने लगे साथ ही अपने बड़े भाई रमा प्रसाद के साथ 'बंगवाणी' नामक मासिक पत्रिका की शुरुआत की। यह पत्रिका मात्र छः वर्ष तक ही चल पायी। इस छोटे ही काल खंड में इस पत्रिका में रवीन्द्रनाथ टैगोर और उपन्यासकार

शरतचन्द्र चटर्जी जैसे महान रचनाकारों की रचनाओं को प्रकाशित किया।

1923 ई. पिता आशुतोष मुखर्जी कलकत्ता हाई कोर्ट के न्यायाधीश पद से सेवानिवृत्त हो गए। वे एक स्वाभिमानी व्यक्तित्व के धनी थे। लार्ड लिटन से मतभेदों के चलते आशुतोष मुखर्जी ने विश्वविद्यालय के उपकुलपति पद से त्यागपत्र दे दिया। उनका स्वप्न था कि पुत्र श्यामा प्रसाद को शिक्षा एवं कानून के क्षेत्र में आगे बढ़ता देखें। लेकिन ईश्वर को कुछ और ही करना था। 1924 में आशुतोष मुखर्जी को किसी कार्य से पटना जाना पड़ा। उसी समय श्यामा प्रसाद को भी विश्वविद्यालयों के एक सम्मेलन में भाग लेने शिमला जाना था। दोनों की अखिरी मुलाकात उसी दिन बालकानी में बैठकर गम्भीर विषयों पर चर्चा करते हुई। दोनों में से कोई नहीं जानता था कि पिता पुत्र का यह अखिरी विचार-विमर्श है।

श्यामा प्रसाद जी शिमला चले गये और उनके पिता पटना चले गये। शिमला में ही तार मिला जिसमें उन्हें अतिशीघ्र पटना पहुँचने के लिए कहा गया था। पटना पहुँचकर उन्हें अपने पिता के अखिरी दर्शन प्राप्त हुए। पिता की मृत्यु से श्यामा प्रसाद जी का मन दुखी हो गया। उन्होंने अपने पिता के स्वप्न को साकार करने का संकल्प मन ही मन किया।

उसी वर्ष 1924 में श्यामा प्रसाद जी को कलकत्ता विश्वविद्यालय की सीनेट का सदस्य मनोनीत किया गया। विश्वविद्यालय में रहते हुए उन्होंने वहाँ के पुस्तकालय में अनेक भारतीय भाषाओं का प्रचुर साहित्य संग्रहीत करवाया। भारतीय संस्कृति की जानकारी देनेवाली

श्यामा प्रसाद मुखर्जी

और धर्मशास्त्रों की पुस्तकें भी पुस्तकालय के लिए मँगवायीं। उनका मत था कि 'विदेशी भाषा अँग्रेजी पर निर्भर रहकर हम अपनी ही जड़ों को काट रहे हैं।'

1925 में श्यामा प्रसाद जी ने इंग्लैंड जाकर उच्च शिक्षा प्राप्त करने का निश्चय किया। उनका उद्देश्य था कि लन्दन से 'इन्स् ऑफ कोर्ट' द्वारा बैरिस्टर की उपाधि प्राप्त करना एवं स्वयं को जवाहर लाल नेहरू, महात्मा गाँधी और मुहम्मद अली जिन्ना जैसे बैरिस्टरों की पंक्ति में खड़ा करना।

इंग्लैंड में अध्ययन के दौरान स्वयं को सिर्फ पढ़ाई और उससे जुड़े क्रियाकलापों तक ही सीमित रखा। अन्य छात्रों की भाँति गलत आदतों का शिकार नहीं बनने दिया। अध्ययन के अतिरिक्त एक

डॉ. सर्वपल्ली राधाकृष्णन के साथ

महत्त्वपूर्ण कार्य सन् 1926 में ब्रिटिश साम्राज्य के अन्तर्गत आनेवाले विश्वविद्यालयों के सम्मेलनों में कलकत्ता विश्वविद्यालय के प्रतिनिधि के रूप में भाग लेकर किया। इंग्लैंड में शिक्षा के दौरान उनका परिचय कई देश भक्त भारतीयों से हुआ, जो मातृभूमि की स्वतन्त्रता की राह में स्वयं को लगाए हुए थे। उन्हीं दिनों उनकी भेंट सर्वपल्ली राधाकृष्णन जी से हुई। वे भी इंग्लैंड में अध्ययनरत थे। हालाँकि श्यामा प्रसाद जी उन्हें पहले से ही जानते थे। इस जान पहचान ने इंग्लैंड में मित्रता का रूप ले लिया। 'बैरिस्टर ऑफलॉ' की उपाधि प्राप्त कर 1927 में भारत लौट आये।

विवाहित जीवन की शुरुआत

23 वर्षीय श्यामा प्रसाद जी के असाधारण व्यक्तित्व को देखकर

श्यामा प्रसाद मुखर्जी

सुविख्यात कवि बिहारी लाल चक्रवर्ती की पौत्री तथा डॉ. बेनीमाधव चक्रवर्ती की पुत्री सुधादेवी के साथ उनका विवाह 16 अप्रैल, 1922 को सम्पन्न हुआ।

1933 में श्यामा प्रसाद जी की पत्नी का सिर्फ 11 वर्ष के दाम्पत्य जीवन के बाद मात्र 24 साल की आयु में ही देहान्त हो गया। पत्नी की मृत्यु से श्यामा प्रसाद जी को बहुत दुख हुआ। उन्होंने अपनी डायरी में लिखा कि 'मैं उसे बहुत गहराई से प्यार करता था। मैं उस आनन्द और प्रसन्नता को शब्दों में बयान नहीं कर सकता जो उसके साथ बिताए जो 11 वर्षों के दौरान मैंने महसूस किया था।'

श्यामा प्रसाद जी का दाम्पत्य जीवन सुखमय था। उनके चार पुत्र हुए। दुर्भाग्यवश छोटे पुत्र की डिप्थीरिया के कारण मृत्यु होने के कारण पत्नी बीमार रहने लगी थीं। श्यामा प्रसाद जी अपनी डायरी में

लिखते हैं कि 'अपनी पत्नी के कारण ही सार्वजनिक दायित्वों को निर्बाध रूप से निभा पाए।'

श्यामा प्रसाद जी की माता ने पत्नी की मृत्यु के बाद उनको बच्चों की खातिर दूसरा विवाह करने को कहा तो, लेकिन ऐसा करने से उन्होंने इनकार कर दिया। इस निर्णय पर उनकी भाभी तारा देवी ने बच्चों की जिम्मेदारी स्वयं उठाने का निश्चय किया।

शिक्षा के क्षेत्र में योगदान

कलकत्ता में कुछ दिनों उन्होंने वकालत की, परन्तु उनका रुझान शिक्षा के प्रति वकालत से कहीं अधिक था। वे शिक्षा की पूजा करते थे अब उन्होंने सारा ध्यान वकालत पर न देकर कलकत्ता विश्वविद्यालय में लगाया। उन्होंने बांग्ला भाषा के विद्वानों की समिति नियुक्त की तथा 'बंग पारिभाषिक शब्दकोश' का निर्माण करवाया।

सन् 1934 में श्यामा प्रसाद जी को कलकत्ता विश्वविद्यालय का कुलपति मनोनीत किया गया, जब वह मात्र 33 वर्ष की उम्र के थे। उस पद पर वह नियुक्त होनेवाले सबसे कम उम्र के व्यक्ति थे।

उन्होंने कुलपति का पदभार ग्रहण करते ही शिक्षा के क्षेत्र में अमूल-चूल परिवर्तन करने का प्रयास किया। जैसा कि उनका और उनके पिता श्री आशुतोष मुखर्जी जी का स्वप्न था। उनका मानना था कि अच्छी और सारगर्भित शिक्षा पद्धति ही मानव को अनगिनत समस्याओं से मुक्ति प्रदान कर सकती है। उन्होंने अपने स्वागत समारोह में कहा था—'संस्कृत भाषा हमारे देश की प्राचीन भाषा है। संस्कृत सभी भारतीय भाषाओं की जननी है। हिन्दी, बंगला, मराठी

विश्वविद्यालय के समारोह में

तथा दक्षिण की अनेक भारतीय भाषाओं को पूर्ण महत्त्व देना चाहिए। बंगाल के लोगों को अपने बच्चों को बंगला हिन्दी तथा एक अन्य कोई भारतीय भाषा अवश्य सिखानी चाहिए।'

शिक्षा के क्षेत्र में श्यामा प्रसाद जी ने अधिकतर काम अपने कुलपति कार्यकाल 1934-1938 के दौरान ही किया। उन्होंने पहला प्रयास यह किया कि शिक्षा के माध्यम के रूप में अँग्रेजी भाषा के प्रयोग की अपेक्षा मातृभाषाओं के प्रयोग पर जोर दिया जाए। वह कहते थे—'विदेशी भाषा की अपेक्षा अपनी मातृभाषा के माध्यम से ही छात्र उपयुक्त ढंग से शिक्षा ग्रहण कर सकते हैं।'

श्यामा प्रसाद जी मैकाले की शिक्षा पद्धति के आलोचक थे। जिस पर उस समय देश की नयी पीढ़ी को चलवाया जा रहा था। जिसमें बच्चों को भारतीय संस्कृति से काटकर पूरी तरह अपाहिज

श्यामा प्रसाद मुखर्जी

बनाकर अँग्रेजी रूपी बैशाखी को थमाया जा रहा था। उन्होंने उसे सुधारने की योजना बनायी।

1935 में नागपुर ऑल इंडिया एजुकेशन कॉन्फ्रेन्स के अध्यक्षीय भाषण में उन्होंने कहा कि—'शैक्षिक संस्थानों को सक्षम क्लर्क और कम तनख्वाह वाला स्टाफ पैदा करनेवाली फैक्ट्री के तौर पर देखना अनुचित है। हमें ऐसे छात्र निकालने पड़ेंगें, जो हमारे स्वशासित संस्थानों को नेतृत्व प्रदान करने में सक्षम हों, जैसे—नगरनिगम, क्षेत्रीय एवं केन्द्रीय विधायी सदन। वे वित्तीय वाणिज्यिक और औद्योगिक क्षेत्रों में विभिन्न कार्यों को निर्देशित कर सकें। आज के भारत को ऐसे लोगों की बहुत जरूरत है। जो सेवा भावना से सराबोर हों और उनकी दृष्टि नयी, साहित्यिक व लचीली भी हो। युवा छात्रों

श्यामा प्रसाद मुखर्जी

के दिमाग में न केवल ज्ञान, सत्य और आदर सम्मान की भावना के लिए जुनून हो, बल्कि अपनी मातृभूमि के प्रति प्यार भी बढ़े अपने मन में यह सब सँजोए रखें। वही असली देशभक्ति है, जो एक व्यक्ति को देश की भलाई के लिए सब कुछ बलिदान करने को प्रेरित और उत्तेजित करती है।'

विश्वविद्यालय के माहौल को हर्षोल्लास से परिपूर्ण करने के उद्‌देश्य से 24 जनवरी, 1935 के दिन एक रंगारंग कार्यक्रम रखा गया। जिसमें विश्वविद्यालय के प्रतीक चिह्न पर ब्रिटिश इंडिया की मोहर से बदलकर खिलते हुए कमल के बीच 'श्री' कर दिया गया। छात्रों के जुलूस का गीत खुद महाकवि रवीन्द्रनाथ टैगोर ने लिखा था।

श्यामा प्रसाद मुखर्जी

1936 के दीक्षान्त समारोह में श्यामा प्रसाद मुखर्जी ने अपने लक्ष्यों को स्पष्ट करते हुए कहा था कि 'हमारा आदर्श है कि निचले से लेकर उच्चतम दर्जे तक शिक्षा की व्यापक सुविधाएँ उपलब्ध कराएँ, ताकि अपने शैक्षिक उद्‌देश्यों को साँचे में ढाला जा सके। अपने युवाओं के भीतर छिपे सर्वश्रेष्ठ गुणों को बाहर निकाला जा सके। ताकि उन्हें बौद्धिक और भौतिक तौर पर प्रशिक्षित किया जा सके। वे गाँव, कस्बों और शहरों में राष्ट्रीय गतिविधियों के सभी क्षेत्रों में अपनी सेवाएँ दे सकें। हमारा आदर्श है कि एक सुरक्षित, तार्किक और लचीली शिक्षा के लिए व्यापक प्रावधान करें। ताकि सांस्कृतिक, व्यवसायिक और तकनीकी प्रशिक्षण के बीच एक सही संयोजन हो सके। यह याद रखा जाना चाहिए कि कोई भी देश अपने युवाओं को महज मशीन निर्मित उत्पाद में ढालकर कभी भी महानता

विश्वविद्यालय के साथियों के साथ

हासिल नहीं कर सकता।'

1937 के दीक्षान्त समारोह में कविवर रवीन्द्रनाथ टैगोर उपस्थित हुए और बंगाली में अपना भाषण दिया। ऐसा विश्वविद्यालय पहली बार हुआ था कि किसी दीक्षान्त समारोह बंगाली में सम्बोधित किया गया हो।

श्यामा प्रसाद जी ने विश्वविद्यालय में भारतीय संस्कृति का शोध केन्द्र बनाने के लिए पुरातत्व विभाग के माध्यम से कई प्राचीन स्थलों की खुदाई कराकर प्राचीन सभ्यता के साक्ष्यों का संग्रह कराया। जिसमें प्राप्त प्राचीन सभ्यताओं की मानव निर्मित वस्तुओं के संरक्षण और शोध के लिए आशुतोष म्यूजियम स्थापित किया।

महिलाओं के लिए 'गृहविज्ञान' पाठ्यक्रम की शुरुआत कराई। उसमें समाज कल्याण और बाद में महिलाओं को आत्मनिर्भर बनाने

श्यामा प्रसाद मुखर्जी

के उद्देश्य से उसमें व्यापार प्रबन्धन को जोड़ा गया। विश्वविद्यालय में 'सूचना और रोजगार' बोर्ड की स्थापना की जिसमें छात्रों को रोजगारों के अवसरों की जानकारी मिल सके।

उन्होंने छात्रों को सैन्य कला से परिचित करने के उद्देश्य से 'सैन्य अध्ययन' के नाम से ट्रेनिंग कोर्स की शुरुआत की।

छात्रों के लिए कल्याण बोर्ड की स्थापना, जनसामान्य को शिक्षित करने के लिए साहित्यिक और वैज्ञानिक रुचि के विभिन्न विषयों पर पुस्तिकाएँ छापना, छात्रों एवं साहित्य प्रेमियों के लिए पुस्तकालय का विस्तार किया गया, और बांग्ला, चीनी, तिब्बती और संस्कृत भाषाओं में शोध कार्य की शुरुआत करवायी।

छात्रों के सर्वांगी विकास के लिए एथलेटिक क्लब की स्थापना करवायी गयी और कलकत्ता मैदान में विश्वविद्यालय एथलेटिक

गतिविधियों के लिए एक अलग क्षेत्र बनाया गया।

भूगोल को मैट्रिक से मास्टर डिग्री तक एक विषय के तौर पर शुरू किया, इस्लामिक इतिहास और संस्कृति को पाठ्यक्रम शामिल किया गया।

श्यामा प्रसाद जी ने दिल्ली विश्वविद्यालय के दीक्षांत समारोह में छात्रों के सर्वांगी विकास के लिए छह सूत्रीय कार्यक्रम प्रस्तुत किया जो वर्तमान समय में अधिक प्रासंगिक है ये है—

—राज्य द्वारा शिक्षा विस्तार का दायित्व अविलंब ग्रहण किया जाना चाहिए। इसके लिए एक विश्वविद्यालय ग्रान्ट्स कमीशन की स्थापना की जानी चाहिए, जिसके अधिकार में पर्याप्त कोष होना चाहिए। यह कमीशन विविध विश्वविद्यालयों को विविध सुधारों के लिए मुक्त हस्त से सहायता करे, किन्तु राजकीय सहायता का अर्थ विश्वविद्यालयों की स्वाधीनता का अपहरण नहीं होना चाहिए।

—अपनी-अपनी पृथक विशेषताओं के बावजूद विश्वविद्यालयों के अध्यापन और परीक्षण क्रम में एक सर्वस्वीकृत उचित स्तर का निर्बाह होना चाहिए। निरर्थक और अपव्यय से बचना चाहिए।

—शिक्षा का माध्यम मातृभाषा हो, जहाँ यह संभव नहीं है वहाँ क्षेत्रीय भाषा के माध्यम से शिक्षा दी जानी चाहिए, किन्तु अँग्रेजी के विरुद्ध विद्वेष नहीं होना चाहिए।

—विभिन्न विश्वविद्यालयों में भिन्न-भिन्न विषयों की विशेषज्ञता अर्जित करने का प्रयास होना चाहिए। विश्वविद्यालयों के प्राध्यापकों का योजना-पूर्वक पारस्परिक विनियम होना चाहिए। इसी तरह एक विश्वविद्यालय के छात्रों को अन्य विश्वविद्यालयों भ्रमण का अवसर

मिलना चाहिए।

—विभिन्न विषयों में विशेषतः विज्ञान और शिल्प संबंधी विषय में विशेषज्ञता प्राप्त करने के लिए विद्यार्थियों और अध्यापकों को विदेश भेजना चाहिए। इस बात का ध्यान रखना चाहिए कि ये विषय ऐसे हों जिनके संबंध में विशेषज्ञता प्राप्त करना स्वदेश में संभव न हो।

—ग्रेजुएट उपाधि प्राप्त करने के पूर्व प्रत्येक विद्यार्थी को अनिवार्य रूप से कुछ समय तक सामाजिक सेवा का कार्य करना चाहिए,ताकि वे अपने देश की विषम परिस्थितियों से परिचित हो सकें और कर्मजीवन में प्रवेश कर उन्हें दूर करने का प्रयास कर सकें।

श्यामा प्रसाद जी द्वारा दिया गया कार्यक्रम सभी शीर्षस्थ शिक्षाविदों ने व्यावहारिक और स्वागत योग्य बताया। जिसमें से काफी हद तक तो वर्तमान में पालन किया जा रहा है।

श्यामा प्रसाद जी ने अपने कुलपति कार्यकाल के दौरान शिक्षा क्षेत्र में कई कदम उठाएँ। जिनका लाभ छात्रों को वर्तमान समय के साथ-साथ आने समय में भी हुआ। वह निरन्तर यह प्रयास करते रहे कि शिक्षा को इतना सरल और सुलभ बनाया जाएँ, जिसे साधारण परिवार का छात्र प्राप्त कर सकें। उनकी संवेदना हमेशा उस अन्तिम छात्र तक थी जो किसी कारण से शिक्षा प्राप्त नहीं कर पा रहा है। तो उसे शिक्षा कैसे सुलभ हो सके? ऐसा प्रबंध होना चाहिए उसके लिए वह प्रयास करते रहे।

हिन्दू महासभा के साथियों के साथ

राजनैतिक जीवन की शुरुआत

श्यामा प्रसाद जी ने स्वयं को पूरी तौर पर शिक्षा के लिए समर्पित कर दिया था। किन्तु राजनीतिक गतिविधियों पर भी वे निगाह रखते थे।

सन् 1929 में उन्होंने विश्वविद्यालय चुनाव क्षेत्र से काँग्रेस उम्मीदवार के रूप में बंगाल विधान परिषद में प्रवेश किया। और विश्वविद्यालय के हितों के लिए कार्य करना आरम्भ कर दिया। बाद में 1930 में काँग्रेस ने परिषदों का बहिष्कार करने को कहा तो उन्होंने विधान परिषद की सदस्यता से त्यागपत्र दे दिया।

श्यामा प्रसाद जी वास्तव में एक सहृदय और मानवतावादी व्यक्ति थे। सन् 1937 के चुनावों में काँग्रेस बंगाल की सबसे बड़ी पार्टी बनकर सामने आयी। उसमें श्यामा प्रसाद जी को बंगाल विधान सभा के लिए एक बार फिर चुना गया। फिर वह शिक्षा क्षेत्र से जुड़े रहे। उनका राजनीति में आने का मुख्य कारण था बंगाल की मुस्लिम

स्वागत करता हुआ जनसमूह

लीग और कृषक पार्टी की गठबन्धन सरकार द्वारा अल्पसंख्यक बंगाली हिन्दुओं का शोषण, मुस्लिम लीग के अलगाववादी अभियान, तथा काँग्रेस द्वारा उनका सन्तुष्टीकरण। यह देखकर उन्होंने यह फैसला लिया कि हिन्दू समाज को संगठित और जागृत कर उनमें अपने हितों के लिए लड़ने की चेतना जगाना नितान्त आवश्यक है।

1939 में डॉ. निर्मल चन्द्र चटर्जी हिन्दू महासभा के वरिष्ठ नेता के आमन्त्रण पर वीर सावरकर कलकत्ता आए। वहाँ उन्होंने अपने भाषण में काँग्रेस की मुसलमानों के समक्ष घुटने टेकने वाली नीति और मुस्लिम लीग की नीतियों से होनेवाले भयंकर परिणामों पर प्रकाश डाला। इसका श्यामा प्रसाद जी पर गहरा प्रभाव पड़ा। निर्मल जी के आग्रह पर उन्होंने हिन्दू महासभा में प्रवेश किया और धीरे-धीरे वह उसके सक्रिय नेता बन गये।

श्यामा प्रसाद जी ने हिन्दू महासभा के माध्यम से बंगाल का

लोगों को सम्बोधित करते हुए

व्यापक दौरा किया और हिन्दू समाज को जागृत एवं संगठित किया। 1940 में वे महासभा के राष्ट्रीय अध्यक्ष भी बन गये। एक बार लाहौर में उन्होंने राष्ट्रीय स्वयंसेवक संघ की एक रैली को सम्बोधित करते हुए कहा कि 'मैं देख रहा हूँ कि यह संगठन बादलों से घिरे भारतीय आकाश यानी धुंधले माहौल में चाँदी सरीखी चमकती एक रेखा यानी उम्मीद की एक किरण की तरह है।'

ढाका में हुए साम्प्रदायिक दंगों में मुसलमानों द्वारा अल्संख्यक हिन्दुओं पर किये गये अत्याचार से श्यामा प्रसाद जी बहुत दुखी हुए। सरकार की अनुमति और सहयोग न मिलने पर भी उन्होंने ढाका जाकर हिन्दू समाज को संगठित किया और उनके दुखों पर मरहम लगाया। वहाँ से वापिस आकर कलकत्ता की जनता को उनके विषय में जानकारी दी। प्रेस पर प्रतिबन्ध होने के कारण उन्होंने विधान सभा में ढाका के दंगों के सत्य को उजागर किया। जिससे सरकार

सावरकर व अन्य साथियों के साथ

को मजबूर होकर वहाँ शान्ति बहाली और दोषियों को दंडित करना पड़ा। इससे जनता के मन में उनकी एक अच्छे नेता की छवि बनने लगी।

1940 के आम चुनावों में हिन्दू महासभा को आशातीत सफलता मिली। उन्होंने मुस्लिम लीग के साथ गठबन्धन कर बंगाल में सरकार बनाई। इसमें मुख्यमन्त्री फजलुल हक थे और श्यामा प्रसाद जी वित्त मन्त्री बने। इसके माध्यम से हिन्दुओं को शोषित होने से बचाया।

वित्तमन्त्री रहते हुए श्यामा प्रसाद जी ने एक ऐसा प्रादेशिक बजट पेश किया जिसमें कि युद्ध को मद्‌देनजर रखते हुए नागरिक रक्षा योजनाओं पर बल दिया गया था। वे अपना काम पूरी मेहनत, ईमानदारी एवं लगन से करते थे जिसका प्रशंसक सचिवालय का पूरा स्टाफ था। इसी बीच विश्वयुद्ध के चलते जापानी आक्रमण का

साथियों के साथ

खतरा बढ़ा गया था। इसलिए श्यामा प्रसाद जी ने 7 मार्च, 1942 को एक पत्र लिखा जिसमें जापान के आक्रमण से निपटने के लिए बंगाल की सेना का गठन का आग्रह किया गया था। जिसमें गवर्नर ने दिलचस्पी नहीं दिखाई।

मार्च, 1942 में ब्रिटिश सरकार ने सर स्टेफोर्ड क्रिप्स के नेतृत्व में एक प्रतिनिधिमंडल भारत भेजा जिसे 'क्रिप्स मिशन' के नाम से जाना जाता है। श्यामा प्रसाद जी हिन्दू महासभा के प्रतिनिधि के रूप में उनसे मिले। उन्हें स्पष्ट शब्दों में भारत की स्थिति से अवगत कराते हुए कहा कि ब्रिटिश सरकार भारतीयों के हितों की अनदेखी न करे। वह भारतीयों से सहयोग की आशा तभी करें जब उन्हें स्वाधीन करने का पूर्ण आश्वासन दे।

क्रिप्स मिशन से हिन्दू महासभा और काँग्रेस दोनों ही सन्तुष्ट

श्यामा प्रसाद मुखर्जी

नहीं थे। क्योंकि उसमें पहली बार धर्म के आधार पर सम्भावित विभाजन का प्रस्ताव था।

इधर बंगाल के गवर्नर जॉन हरवर्ट बंगाल में मुस्लिम लीग और हिन्दू महासभा की सरकार को गिराने की कोशिश कर रहा था। वह हिन्दू और मुस्लिमों में दरार पैदा करना चाहता था। जिस पर श्यामा प्रसाद जी ने गवर्नर को कड़े शब्दों में एक पत्र लिखा कि 'आप मो. फजलुल हक और उनके सहकर्मियों को समर्थन प्रदान करने के बजाय समय-असमय मुस्लिम लीग की ही वकालत करते रहे। आपका यह आचरण एक गवर्नर का नहीं वरन् मुस्लिम लीग के एक निष्ठावान संरक्षक जैसा है, जो सर्वथा अशोभनीय है।'

उन्होंने यह भी बताया कि भारतीय चाहते हैं कि युद्ध समाप्त होते ही अँग्रेज यहाँ से चले जाएँ, पर इस कीमत पर नहीं कि अँग्रेजों के जाते ही जापानी भारत में उनका स्थान ले लें। ये उनकी दूरदृष्टि

युद्ध से शरणार्थियों का पलायन

थी। वे लिखते हैं कि अँग्रेजी और भारतीय सैनिकों को दी जाने वाली वेतन में असमानता है। भारतीय सैनिक को 16 रुपये और अँग्रेज को 90 रुपये दिया जाना कहाँ तक उचित है।

उदारवादी दृष्टिकोण

श्यामा प्रसाद जी के व्यक्तित्व में मानवता का गहरा प्रभाव था। एक बार प्रसिद्ध बंगला कवि नजरूल इस्लाम पर अपनी पत्नी के बीमारी के कारण बहुत कर्ज हो गया जिससे उनकी पारिवारिक स्थिति नाजुक हो गयी। वह श्यामा प्रसाद जी से मिले तो उन्होंने उनके कर्जे के भुगतान का तुरन्त बन्दोबस्त कराया और अपने मधुपुर वाले गंगाप्रसाद हाउस में उनकी रहने की व्यवस्था कर दी। इसके बाद जब नजरूल इस्लाम स्वयं बीमार हो गये तो उनके इलाज के लिए 'नजरूल ट्रीटमेंट सोसायटी' बनाई और उनका इलाज लन्दन और

कार्यकर्ताओं के साथ

विएना में कराया।

क्रिप्स मिशन के असफल होने के बाद जब काँग्रेस द्वारा भारत छोड़ो आन्दोलन की घोषणा की गयी तो काँग्रेस के गाँधी जी समेत कई नेता गिफ्तार कर लिए गये। तब श्यामा प्रसाद जी ने आन्दोलन में जेल भेजे गये कार्यकर्ताओं और परिवारों के प्रति न केवल सहानुभूति प्रकट की बल्कि उनको यथा सम्भव आर्थिक सहायता भी दी।

उसी वर्ष 16 अक्टूबर को मिदनापुर तट पर एक भयानक चक्रवात आया जो अपने साथ लाया महाविनाश और बहाकर ले गया लगभग 30,000 जिन्दगियाँ। जिसके लिए सरकार द्वारा कोई संवेदनशीलता नहीं दिखाई गयी। इस पर श्यामा प्रसाद जी के मन में अँग्रेजों के प्रति रोष भर गया। इस पर गवर्नर हरबर्ट से मतभेदों

साथियों के साथ

के चलते मन्त्री पद से इस्तीफा दे दिया। उन्होंने लिखा कि 'मैं आप जैसे अयोग्य व अक्षम गवर्नर तथा निष्ठुर व संवेदनहीन उच्च सरकारी कर्मचारियों के निष्ठुर हस्तक्षेप को ज्यादा सहन करने के लिए अब तैयार नहीं हूँ।'

श्यामा प्रसाद जी ने सरकार से मुक्त होकर 'बंगाल रिलीफ कमेटी' का गठन कर चक्रवात पीड़ितों की मदद करने में लग गये। उन्होंने समाज से धन इकट्ठा किया और उन लोगों को हर सम्भव सहायता पहुँचाई।

श्यामा प्रसाद जी की प्रसिद्धि और लोकप्रियता निरन्तर बढ़ रही थी। उन्हें आर्यसमाज के महासम्मेलन में अध्यक्ष बनाया गया जिसमें वह अध्यक्षीय भाषण में बोले कि 'स्वामी दयानन्द ने देश की स्वाधीनता व राष्ट्रवाद की अलख जगायी थी। जब स्वभाषा व स्वदेशी का

समर्थन करते थे तब स्वत: देश की स्वाधीनता का मन्त्र गुंजायमान हो उठता था। उनके उपदेशों से प्रेरणा लेकर ही अल्पसंख्यक आर्य बन्धुओं ने राष्ट्रीय जागरण में योगदान दिया है।'

वह भारत में प्रचलित सभी सम्प्रदायों के प्रति एक दृष्टि रखते थे उनका मानना था कि सिख, जैनी, बौद्ध और भारत बाहर आएँ मुस्लिम और ईसाई सभी का हिन्दुओं से अटूट संबंध है। सभी धर्म हमें नैतिकता की शिक्षा देते हैं। मानव को मानव बनकर मानव के लिए कार्य करने को प्रेरित करते हैं। मार्च 1952 में श्यामा प्रसाद जी महोबोधि सोसायटी के अध्यक्ष होने के नाते भगवान बौद्ध के दो प्रमुख शिष्यों की सारिपुत्त तथा महामोग्गलामन के पवित्र भस्मावशेष लेकर वर्मा गये। उसके बाद अक्टूबर में वे कंबोडिया व इंडोनेशिया गये। वहाँ उन्होंने बौद्ध दर्शन और भगवान बौद्ध उपदेशों पर प्रकाश डाला जिसकी बौद्ध लामा ने एवं अन्य बौद्ध धर्मालम्बियों ने प्रशंसा की।

वर्ष 1943 से 1944 के दौरान जब गाँधी जी जेल में थे तो जिन्ना ने भारत के बँटवारे की भूमिका तैयार कर ली थी। गाँधी जी जब बाहर आये तो वह जिन्ना से मिलने उनके घर गये। गाँधी जी ने जिन्ना को सन्तुष्ट करने की कोशिश की जिसका श्यामा प्रसाद जी ने विरोध किया। उन्हें एक पत्र गाँधी जी को लिखा कि 'देश का बँटवारा किसी भी रूप में वांछनीय नहीं है, और गाँधी जी से प्रार्थना की कि वे जिन्ना के विरोध में खड़े हों। इस्लामिस्तान बनाने से रोकें।

गाँधी जी साथ विचार-विमर्श करते हुए

भारत विभाजन का विरोधी स्वर

अगस्त, 1944 में लोकमान्य तिलक की जयन्ती के अवसर पर पूना में श्यामा प्रसाद जी ने भारत विभाजन के प्रस्ताव की कड़े शब्दों में निन्दा की। वहाँ से आते ही उन्होंने गाँधी जी से सी. राजगोपालाचार्य की उपस्थिति में लम्बी बातचीत की। उनका कहना था—'आप यदि जिन्ना से मिलने गये तो उसका दुस्साहस बढ़ जाएगा। अतः आप जिन्ना से न मिलें।' गाँधी जी ने उनका अनुरोध तो अस्वीकार कर दिया, लेकिन यह विश्वास दिलाया कि वे देश का बँटवारा कदापि नहीं होने देंगे। 9 सितम्बर, 1944 को गाँधी जी जिन्ना से मिले 16 दिनों तक वार्ता चली, लेकिन वार्ता विफल हो गयी।

उन्हीं दिनों पंजाब में युवा हिन्दू नेता श्री हरदयाल देवगुण ने लुधियाना में विशाल हिन्दू सम्मेलन का आयोजन किया जिसमें

सावरकर के साथ

श्यामा प्रसाद जी ने पाकिस्तान बनाये जाने का विरोध किया।

1944 में ही दिसम्बर के महीने में श्यामा प्रसाद जी ने हिन्दू महासभा के 26वें बिलासपुर अधिवेशन की अध्यक्षता की और उन्होंने कहा कि—'यदि हम सिद्धान्त रूप में यह स्वीकार कर लेते हैं कि भारत के किसी भी भाग में इस्लाम के अनुनायियों को उनकी जनसंख्या के अनुपात में शासन का हिस्सा दिया जाए तो अन्य जातियाँ भी ऐसी ही माँग उठाकर देश के खंड-खंड करने में तत्पर हो उठेंगी इससे देश की शान्ति नष्ट होगी तथा समृद्धि विनाश में परिणत हो जाएगी।'

25 जून, 1945 को गवर्नर जनरल लार्ड वेबल ने शिमला में एक कॉन्फ्रेन्स की जिसमें मुस्लिम लीग और काँग्रेस को आमन्त्रित किया गया। हिन्दू महासभा को नहीं बुलाया गया। जिस पर विरोध भी हुआ। शिमला में गवर्नर को काले झंडे भी दिखाए गये और नारे भी अखंड भारत के लगाये गये। सारी कोशिशें नाकाम साबित हुईं

साथियों के साथ

अन्ततः काँग्रेस ने पूना प्रस्ताव में देश के विभाजन को स्वीकार कर लिया। इधर ब्रिटेन में एटली ने प्रधानमन्त्री पद सँभाला। एटली ने एक प्रतिनिधिमंडल स्वतन्त्र भारत का संविधान बनाने में सहायता करने के लिए भेज दिया।

केन्द्रीय असेम्बली और प्रान्तीय असेम्बली में चुनाव की घोषणा करा दी गयी। 91 प्रतिशत मुसलमानों ने पाकिस्तान के पक्ष में लीग वोट देकर विभाजन को स्वीकार कर लिया। इन परिस्थितियों को देखते हुए श्यामा प्रसाद ने सरदार पटेल के परामर्श से हिन्दू महासभा के प्रत्याशियों को चुनाव में खड़ाकर सभी से काँग्रेस को वोट देने को कहा। स्वयं कलकत्ता विश्वविद्यालय क्षेत्र से बंगाल विधान सभा के लिए चुन लिए गये।

दिसम्बर, 1945 में श्यामा प्रसाद जी बीमार पड़ गये। डॉक्टर

ने उन्हें एक महीने तक आराम करने की सलाह दी। वे अपने गिरते स्वास्थ्य को लेकर जितने चिन्तत थे उससे भी कहीं अधिक वह देश की वर्तमान स्थिति को लेकर थे। उन्होंने अपनी पीड़ा अपनी डायरी में लिखी। वह जैसे ही थोड़ा ठीक होने लगे वह पुनः सक्रिय हो गये। वह ब्रिटिश प्रतिनिधिमंडल से मिलने के लिए कलकत्ता जा पहुँचे वहाँ भी उन्होंने अपनी पीड़ा को रखा।

मुस्लिम लीग द्वारा सीधी कार्यवाही दिवस को मानने के नाम पर योजनाबद्ध तरीके से भयंकर आतंकवाद फैलाया गया। लीग बंगाल, पंजाब तथा सिन्ध को पाकिस्तान में मिलाना चाहती थी इसके लिए उसने इस्लामी पुलिस फोर्स की भर्ती की और बंगाल में उसे आतंक का पर्याय बना दिया। भीषण कत्लेआम हुआ, मारपीट हुई। श्यामा प्रसाद जी ने इन परिस्थितियों में मानवता का पक्ष लिया। दंगों में घायल लोगों को हर सम्भव सहायता पहुँचाने की कोशिश की। दंगों को बन्द कर शान्ति बहाली के उपायों पर जोर देने के लिए विभिन्न राजनीति और धार्मिक प्रमुखों से बैठकें कीं।

मुस्लिम लीग ने बर्बरतापूर्ण कार्यवाही करते हुए नोआखाली में तो अल्संख्यकों पर इतना अत्याचार किया जिसकी कोई सीमा नहीं रही। जिसमें महिलाएँ और बच्चे दोनों सबसे ज्यादा प्रभावित हुए। गाँधी जी स्वयं नोआखाली पहुँचकर एक माह वहाँ रुके। श्यामा प्रसाद जी ने नोआखाली के घायल और बेघर हुए लोगों की मदद के लिए आर्यसमाज और रामकृष्ण मिशन से सहायता ली। श्यामा प्रसाद जी का इन दंगों में एक मानवीय पक्ष सामने आया जिसमें उन्होंने धर्म और जाति के बन्धनों को तोड़कर एक मानव होकर एक

नोआखली से लोगों का पलायन

मानव की हर सम्भव सहायता करने की कोशिश थी। उन्होंने अमृत बाजार पत्रिका में लिखा था कि 'बंगाल का गत दुर्भिक्ष उस समय के गवर्नर हर्बट और सुहरावर्दी के समयोग का फल था तो आज का यह पूर्व बंगाल का गुंडाराज गवर्नर और सुहरावर्दी की सम्मलित और सहयोगिता पूर्ण चेष्टाओं का परिणाम है। वायसराय महोदय चर्चिल का जिन्ना के साथ जैसा स्नेह सम्बन्ध है, उसका सबको पता है। इधर वायसराय महोदय भी अपने मुसलमान भक्तों का पूरा साथ दे रहे हैं।'

इन परिस्थितियों को देखते हुए श्यामा प्रसाद जी यह जान चुके थे कि अब देश का विभाजन होकर रहेगा। इसलिए उन्होंने यह निश्चित किया कि बंगाल, पंजाब और असम के हिन्दू बहुल क्षेत्रों को पाकिस्तान का हिस्सा बनने से कैसे रोका जा सकता है। इस पर विचार कर उन्होंने बंगाल और पंजाब आदि क्षेत्रों में हिन्दुओं को संगठित करना शुरू कर दिया। 22 अप्रैल, 1947 को 'अमृत बाजार

श्यामा प्रसाद मुखर्जी

पत्रिका' के माध्यम से ओपिनियन पोल कराया जिसमें विभाजन पक्ष के 98 फीसदी वोट पड़े। श्यामा प्रसाद जी ने 23 अप्रैल को वायसराय माउन्टबेटन से मुलाकात की और बंगाल विभाजन को अवश्यम्भावी बताया। 12 मई, 1947 को उन्होंने हिन्दुओं के प्रतिनिधि के रूप में एक पत्र वायसराय को लिखा जिसमें यह उल्लेख किया गया कि किन कारणों से बंगाल और पंजाब का विभाजन अनिवार्य है। उन्होंने लिखा कि 'पंजाब व बंगाल का विभाजन पूर्ण रूप से प्रशासनिक है। आखिरकार बंगाल और पंजाब के हिन्दू बाहुल्य क्षेत्रों को पाकिस्तान में न मिलाए जाने की घोषणा की जाये।'

प्रधानमन्त्री एटली द्वारा 3 जून, 1947 को भारत विभाजन की घोषणा कर दी गयी। 20 जून को बंगाल विधान सभी में सदस्यों ने विभाजन प्रस्ताव बहुमत से पास कर दिया।

डॉ. अम्बेडकर के साथ

15 अगस्त, 1947 को देश आजाद हुआ। श्यामा प्रसाद जी के प्रयासों पर बंगाल का एक हिस्सा जिसे पश्चिम बंगाल कहा जाता है वह भारत का अभिन्न हिस्सा बन गया। श्यामा प्रसाद के मानवीय गुणों ने उन्हें एक लोकप्रिय राजनेता बना दिया था।

केन्द्रीय मन्त्रिमंडल में

जब स्वतन्त्र भारत का पहला केन्द्रीय मन्त्रिमंडल बनाया गया तो उसमें गैर काँग्रेसी सदस्यों में डॉ. बी.आर. अम्बेडकर, श्री जानमथाई और श्यामा प्रसाद जी थे। जिनको मन्त्री बनाया गया था। श्यामा प्रसाद जी को उद्योग और आपूर्ति मन्त्रालय का कार्यभार सौंपा गया।

नेहरू मन्त्रीमंडल में

उन्होंने भारतीय औद्योगिक ढाँचे को देखते हुए उसके विकास के लिए कई महत्त्वपूर्ण योजनाएँ बनाईं जिनसे भारत को औद्योगिक रूप से आत्मनिर्भर बनाया जा सके।

श्यामा प्रसाद जी चाहते थे कि देश में बड़े उद्योगों के साथ-साथ कुटीर एवं लघु उद्योगों की भी स्थापना हो, इसलिए उन्होंने अपने कार्यकाल में सिन्दरी में फर्टीलाइजर की फैक्ट्री, बंगाल में चितरंजन लोकोमोटिव वर्क्स, झारखंड में दामोदर वेली कॉरपोरेशन आदि की स्थापना की। वहीं लघु एवं कुटीर उद्योग के लिए ऑल इंडिया हैन्डी क्राफ्टस, ऑल इंडिया हैंडलूम बोर्ड एवं खादी तथा ग्रामोद्योग बोर्ड की स्थापना की। उद्यमियों को सहायता हेतु जुलाई, 1948 में भारतीय औद्योगिक वित्त निगम की स्थापना हुई जो उद्यमियों

श्यामा प्रसाद मुखर्जी

को दीर्घ एवं अल्पकालीन ऋण उपलब्ध कराता है।

भारतीय अर्थव्यवस्था की रीढ़ रहा ऊनी और सूती हथकरघा उद्योग को श्यामा प्रसाद जी ने उसे पुनर्जीवित किया। करीब 25लाख बुनकरों को रोजगार दिया। इस उद्योग में आयी धागे की कमी को दूर किया साथ ही भारतीय बुनकरों द्वारा तैयार किये गये माल को बेचने के लिए नये बाजारों की खोज की। सरकार द्वारा इस उद्योग के लिए कई तरह की छूट प्रदान करवायी। उत्तरप्रदेश में अलीगढ़ के पास हरदुआगंज में 'केन्द्रीय कुटीर उद्योग इंस्टीट्यूट' की भी स्थापना की। ताकि अनुदेशकों और मास्टर बुनकरों को उत्पादन की बेहतर तकनीक एवं नए डिजाइनों का प्रशिक्षण दिया जा सके।

श्यामा प्रसाद जी ने भारतीय उद्योग के विषय में अपने विचार

प्रकट करते हुए ईस्टर्न चैंबर्स ऑफ कॉमर्स की वार्षिक बैठक में कहा था कि उद्योगपतियों को समय के साथ कदम मिलाकर चलना पड़ेगा और अप्रत्याशित मुनाफों के बारे में भूलना होगा, जो युद्ध के समय उन्होंने कमाया। कुछेक हाथों में धन के संचय पर उन्होंने आपत्ति उठाई, लेकिन वे बहुत स्पष्ट थे कि मुनाफे का मकसद देश के विकास में निहित रखना पड़ेगा और एक प्रमुख भूमिका अदा करनी पड़ेगी। सतत वर्ग-संघर्ष का मार्क्सवादी सिद्धान्त सही नहीं है क्योंकि उद्योग के विकास के लिए पूँजी और श्रम के बीच सहयोग अनिवार्य है। इसलिए एक ऐसा माहौल पैदा करना होगा, जहाँ दोनों ही शिविर पूरक भूमिकाएँ अदा कर सकें।

केन्द्रीय मन्त्रिमंडल से इस्तीफा

श्यामा प्रसाद जी केन्द्रीय मन्त्रिमंडल में रहते हुए भारत की समृद्धि के लिए भरपूर योगदान कर रहे थे। तभी जनवरी-मार्च, 1950 के दौरान पूर्वी बंगाल में भीषण नरसंहार हुआ। जिसमें लगभग पचास हजार निर्दोष और मासूम अल्पसंख्यकों ने अपनी जानें गँवाईं यह देखकर श्यामा प्रसाद का मन व्यथित हो उठा। सरकार के इस ढीले-ढाले रवैये से वे बैचेन हो गये। उन्हें सरकार में मन्त्री रहते हुए स्वयं को इस गुनाह का भागीदार माना। अन्ततः उन्होंने 6 अप्रैल, 1950 को मन्त्रिमंडल से त्यागपत्र दे दिया। सरदार पटेल को जब यह सूचना मिली तो उन्होंने श्यामा प्रसाद जी को त्यागपत्र वापिस लेने को कहा, लेकिन वह निश्चय कर चुके थे। उन्होंने विनम्रतापूर्वक सरदार पटेल को त्यागपत्र लेने से इनकार कर दिया। 19 अप्रैल, 1950 को लोकसभा में अपने त्यागपत्र के कुछ अंशों को जब सुनाया

नेहरू जी और सरदार पटेल के साथ विचार-विमर्श

तो कई सांसदों ने उनके इस कार्य की सराहना की। श्यामा प्रसाद जी बोले, 'मैंने पाकिस्तान के प्रति हमारे रुख को लेकर कभी भी खुशी महसूस नहीं की यह कमजोर लंगड़ाता हुआ बेमेल रहा है। हमारी अच्छाई या निष्क्रियता की व्याख्या पाकिस्तान ने कमजोरी के तौर पर की है। जिन हालात के कारण मुझे इस्तीफा देना पड़ा वे मूलतः पाकिस्तान में अल्पसंख्यकों के साथ बर्ताव से जुड़े हैं। बंगाल समस्या कोई प्रादेशिक नहीं है। यह अखिल भारतीय स्तर का मुद्दा है और इसके उचित समाधान पर शान्ति व सम्पन्नता टिकी है।'

पंजाब और पूर्वी बंगाल में हिन्दुओं की बद से बदतर स्थिति के बारे में उन्होंने कहा—' हम यह न भूलें कि पूर्वी बंगाल के हिन्दू केवल मानवता के नाते ही भारतीय संरक्षण के अधिकारी नहीं हैं

अपितु सहर्ष स्वीकार की हुई उन यातनाओं और त्याग के कारण भी हैं जिनको उन्होंने अपने क्षुद्र संकीर्ण स्वार्थ के लिए नहीं, अपितु समस्त भारत की राजनीतिक स्वाधीनता और बौद्धिक विकास के लिए सहन किया था। यह उन बलिदानी नेताओं और युवा शक्ति की सम्मिलित आवाज है, जो भारत के नाम हँसते-हँसते फाँसी पर झूल गये। यह आवाज आज स्वाधीन भारत की ओर न्याय की आशा रखती है।'

भारतीय राजनीति में जनसंघ की आधारशिला

श्यामा प्रसाद जी ने देश को वर्तमान स्थिति, अपनी राष्ट्रभक्ति और कर्तव्यनिष्ठता के साथ भारतीय राजनीति एक ऐसी अखिल पार्टी बनाने का निश्चय किया जो काँग्रेस की नकारात्मक नीतियों का विरोध कर सकें। इसके लिए उन्होंने राष्ट्रीय स्वयं सेवक संघ के तत्कालीन सरसंचालक श्री गोलवलकर जी से मुलाकात की। जिसके बाद श्री गोलवलकर जी ने उनको भरपूर सहयोग का भरोसा दिलाया। वह स्वयं तो राजनीति से दूर रहे। परन्तु उन्होंने श्यामा प्रसाद जी का राष्ट्रवादी सोच का सम्मान करते हुए अपने कुछ चुनिन्दा स्वयंसेवकों को उनके इस कार्य में सहयोग देने के लिए लगा दिया। जिसमें प्रमुख थे—पं. दीनदयाल उपाध्याय, अटलबिहारी वाजपेयी, सुन्दर सिंह भंडारी और जगदीश माथुर आदि। इन सबके सहयोग से पार्टी का संगठन तैयार होने लगा। पार्टी का नाम और ध्वज का निर्धारण किया गया। इसमें भी कई सुझाव आये पार्टी का नाम 'भारतीय जनसंघ' और ध्वज का रंग केसरिया रखा गया। पार्टी के बुनियादी सिद्धान्तों एवं विचारधारा के अनुरूप पार्टी का घोषणा-पत्र तैयार

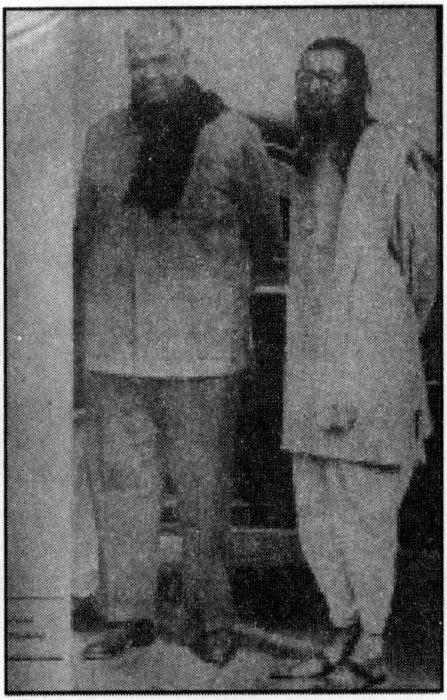

श्री गोलवलकर जी के साथ

किया गया। इसको तैयार करने की जिम्मेदारी बलराज मधोक जी को सौपी गयी। घोषणा-पत्र आने पर कार्यकर्ताओं की मदद से भारत के विभिन्न क्षेत्रों में जनसंघ का गठन किया गया।

उत्तरप्रदेश और मध्य भारत में जनसंघ के गठन के लिए दीनदयाल जी ने लखनऊ में महासम्मेलन किया। इसके सम्मेलन श्यामा प्रसाद जी के अध्यक्षता में देश भर में आयोजित किये गये। जिससे जनसंघ की पहचान गाँव-गाँव से होने लगी।

भारतीय राजनीति में गठबन्धन का दौर

जनसंघ के भारतीय राजनीति में आने से संगठन का एक दौर चल पड़ा। डेमोक्रेटिक स्वराज पार्टी के नेता जमुना दास मेहता ने जून, 1951

अटल जी के साथ अन्य कार्यकर्ता

को डॉ. मुखर्जी की अध्यक्षता में एक अनौपचारिक सम्मेलन बम्बई में बुलाया। इसमें महाराष्ट्र, गुजरात, कर्नाटक, बिहार तथा केन्द्रीय प्रदेशों के लगभग 150 वरिष्ठ नेताओं ने भाग लिया। मध्य भारत राष्ट्रीय सभा के आनन्द बिहारी मिश्रा ने जनसंघ के साथ गठबन्धन में अपनी सहमति व्यक्त की। श्यामा प्रसाद जी के व्यक्तित्व और कुशल नेतृत्व के कारण जनसंघ में जल्द ही छोटे दलों का विलय भी होने लगा।

जनसंघ की निरन्तर बढ़ रही लोकप्रियता को देखते हुए श्यामा प्रसाद जी ने चुनाव आयोग को जनसंघ को अखिल भारतीय पार्टी का दर्जा दिए जाने को पत्र लिखा। 7 सितम्बर,1951 को चुनाव आयोग से इसे राष्ट्रीय दल का दर्जा प्राप्त हो गया।

21अक्टूबर, 1951 को नयी दिल्ली में भारतीय जनसंघ का

श्यामा प्रसाद मुखर्जी

महासम्मेलन सम्पन्न हुआ। उसमें श्यामा प्रसाद जी को राष्ट्रीय अध्यक्ष सर्वसम्मति से चुना गया। जिसमें अपने अध्यक्षीय भाषण में वे बोले—'भारतीय जनसंघ का उद्देश्य सभी के लिए एक स्वतन्त्र, सम्पन्न एवं समृद्ध भारत का निर्माण करने का सार्थक प्रयास करना है। सुसंगठित विपक्ष की अनुपस्थिति ही काँग्रेस सरकार को तानाशाह बना रही है। इस पर अंकुश लगाने के लिए हमारी पार्टी भारत के सभी नागरिकों को आमन्त्रित करती है चाहे वो किसी भी जाति, धर्म या सम्प्रदाय के हों। हम सभी को एकजुट होकर मातृभूमि की मर्यादा की रक्षा करनी होगी।'

भारत के विभाजन के सम्बन्ध में श्यामा प्रसाद जी ने कहा कि—'भारत विभाजन एक त्रासदपूर्ण मूर्खता थी इससे कोई मकसद पूर्ण नहीं हुआ है। और न ही किसी भी राजनैतिक, आर्थिक, साम्प्रदायिक समस्या के समाधान में सहायता मिली है, हमारा विश्वास भारत के पुनर्निर्माण में है। और शान्तिपूर्ण तरीकों से उसे प्राप्त करने

श्यामा प्रसाद मुखर्जी

का प्रयत्न करेंगे। बँटबारे से उत्पन्न समस्याओं में मुख्यतः जायदाद सम्बन्धी मामले भी सुलझाए जाएँगे जिनकी ओर काँग्रेस सरकार ने ज्यादा ध्यान ही नहीं दिया है। इन समस्याओं के प्रति हमारा दृष्टिकोण साम्प्रदायिक नहीं वरन् राजनीतिक एवं आर्थिक है एवं इनके निष्पक्ष रूप से निपटाने का दायित्व भारत एवं पाकिस्तान दोनों सरकारों पर है।' भाषण के अन्त में श्यामा प्रसाद जी बोले—'हमने पूर्ण विश्वास, उम्मीद, लगन और साहस के साथ इस कार्य को आरम्भ किया है। देश का विश्वास जीतने के लिए हमारे कार्यकर्ता सेवा और बलिदान की भावना से ओतप्रोत होकर कार्य करेंगे। संयुक्त भारत का निर्माण हमारा प्रथम कर्तव्य होगा। भारत माँ की सेवा के लिए वर्ग, जाति और धर्म पर विचार किए बिना उसके प्रत्येक बच्चे का आवाहन किया जा रहा है। आरम्भ में हमारे रास्ते में कई परेशानियाँ आ सकती

श्यामा प्रसाद मुखर्जी

हैं, परन्तु इन परेशानियों से भयभीत हुए बगैर हमें भारत को महान बनाना है, आगामी चुनावों में हमारा चुनाव चिह्न 'दीपक' है। दीपक होता तो साधारण मिट्टी का बना है परन्तु यह आशा, एकता, साहस और विश्वास के प्रकाश का प्रतीक होता है। अन्धकार को दूर भगाता है, आओ हम सभी अपनी इस प्रकाश रूपी यात्रा को सफल बनाने का संकल्प करें एवं भारत को सशक्त एवं समृद्ध बनाने की राह में मजबूती से चलते रहने की प्रार्थना ईश्वर से करें।'

जनसंघ श्यामा प्रसाद जी के नेतृत्व में 1952, होनेवाले चुनावों की तैयारी में लग गया। पार्टी के पास समय और साधन सीमित होने पर भी अपने सिद्धान्तों को व्यापक रूप देने में लग गयी। इन चुनावों में जनसंघ का गठबन्धन हिन्दू महासभा और रामराज्य परिषद के साथ हुआ जिसमें हिन्दू महासभा ने चार सीटें

जीतीं और राम राज्य परिषद ने तीन सीटें। जनसंघ से श्यामा प्रसाद जी ने कलकत्ता निर्वाचन क्षेत्र से भारी मतों से जीत हासिल की।

श्यामा प्रसाद जी ने जनसंघ की प्राथमिकताओं पर प्रकाश डालते हुए कहा कि भारत की सैन्य क्षमता को युवा पुरुषों और महिलाओं को सैन्य प्रशिक्षण देकर जल्द से जल्द सुदृढ किया जाना चाहिए। एक विशाल प्रादेशिक सेना का गठन होना चाहिए साथ ही सैन्य क्षेत्र से जोड़े उद्योगों को विकास होना चाहिए, जिससे भारत को हथियारों के लिए दूसरों पर निर्भर न रहना पड़े। विदेश नीति का निर्धारण राष्ट्रीय हितों को सर्वोपरि रखकर होना चाहिए। साम्राज्यवादी और विस्तारवादी ताकतों का कड़ा विरोध होना चाहिए। देश की एकता और अखंडता का सुदृढ़ करने के लिए निरंतर प्रयास किये जाने चाहिए

कश्मीर समस्या पर दृष्टिकोण

भारत विभाजन के समय से ही कश्मीर समस्या का जन्म हुआ। यह समस्या आज भी इतनी विकराल नहीं है जितने की श्यामा प्रसाद जी के समय थी।

श्यामा प्रसाद जी ने 26 जून, 1952 को संसद में कश्मीर मुद्दा उठाया और बोले—'शेख अब्दुल्ला मुस्लिम लीग की भारत विभाजन की पृथकतावादी घातक नीतियों पर चलकर कश्मीर की अखंडता के लिए खतरा पैदा कर रहे हैं। वे धारा 370 के बल पर पृथक संविधान, पृथक् निशान चाहते हैं। कश्मीर अलग झंडा व अलग संविधान लेकर स्वतन्त्र गणराज्य बने, यह कदापि सहन नहीं

श्यामा प्रसाद मुखर्जी

किया जाएगा।'

27 जून, 1952 को श्यामा प्रसाद जी के नेतृत्व में जनसंघ ने देशभर में कश्मीर दिवस मनाया। इधर कश्मीर में जनसंघ की सहयोगी पार्टी प्रजा परिषद के कार्यकर्ताओं पर हमले होने लगे तो श्यामा प्रसाद जी ने नेहरू जी को पत्र लिखकर शेख सरकार की नीतियों के कुप्रभावों से अवगत कराया। नेहरू जी ने 5 फरवरी को एक पत्र के द्वारा जबाव दिया कि 'मेरे विचार से प्रजा परिषद का यह आन्दोलन न केवल साम्प्रदायिक है, इसे भारत में विद्यमान साम्प्रदायिक, संकुचित मनोवृत्तिवाले तत्त्वों को समर्थन भी प्राप्त है। अब केवल यही रास्ता रह जाता है कि इस नितान्त सुविचारपूर्ण आन्दोलन का विरोध किया जाए।'

नेहरू जी के पत्र ने श्यामा जी को बहुत आहत किया पर उन्होंने हार नहीं मानी वह निरन्तर शेख सरकार की नीतियों का विरोध करते रहे। 5 मार्च, 1953 को पूरे भारत में कश्मीर दिवस मनाया गया। दिल्ली में जुलूस निकाला गया। सरकार ने धारा 144 लगा दी। फिर भी विरोध जारी रहा। श्यामा प्रसाद जी को पुलिस ने गिरफ्तार कर लिया। उनको डेढ़ माह बाद रिहा किया गया। उनके बाहर आते ही आन्दोलन फिर से गति में आने लगा। अब आन्दोलन का रुख कश्मीर की तरफ था। श्यामा प्रसाद जी के नेतृत्व में एक दल ने यह घोषणा कर दी कि वह बिना किसी परमिट के कश्मीर में दाखिल होंगे।

अन्तिम यात्रा

8 मई,1953 को सुबह 6:30 मिनिट पर दिल्ली से ट्रेन के द्वारा कश्मीर के लिए श्यामा प्रसाद जी अपने साथियों के साथ रवाना हो गये। दिल्ली से अम्बाला के बीच के स्टेशनों पर भारी जनसमूह ने उनका हौसला बढ़ाया और कश्मीर भारत का अभिन्न अंग हो ऐसे नारे लगाए।

अम्बाला से ही श्यामा प्रसाद जी ने तार द्वारा शेख सरकार को सन्देश भेज दिया कि वे बिना परमिट के ही जम्मू आ रहे हैं और शेख से भी मुलाकात करेंगे।

पठानकोट तक ट्रेन से जाने के बाद वह कार के माध्यम से जम्मू में प्रवेश करने के लिए आगे बढ़े। गुरदासपुर के जिला अधिकारी ने उनसे कहा आप आगे जाएँ आपको परमिट मिल जाएगा। लेकिन

रावी नदी पार करने के बाद लखनपुर पोस्ट पर कठुआ के पुलिस सुपरिन्टेंडेंट ने उन्हें गिरफ्तार कर लिया।

श्यामा प्रसाद जी ने यह देखकर अटलबिहारी वाजपेयी जी से कहा कि 'देशवासियों को जाकर बता दो कि मैंने जम्मू-कश्मीर में प्रवेश कर लिया है, किन्तु एक कैदी के रूप में।'

12 मई को श्यामा प्रसाद जी को वैद्य गुरुदत्त और टेकचन्द्र शर्मा को निशातबाग में नजरबन्द कर दिया गया। जिसमें उन पर कई तरह के प्रतिबन्ध लगा दिए गये। जिनसे उनके स्वास्थ्य पर विपरीत असर पड़ने लगा। 17 मई को उनको बुखार आ गया। डॉ. अली मुहम्मद उनके उपचार के लिए आये। लेकिन स्वास्थ्य ठीक नहीं हो रहा था। 19 मई को जब प्रेमनाथ डोगरा आये तो वह श्यामा प्रसाद जी की हालत देख के सन्न रह गये। उसी रात उनके सीने और पेट में दर्द शुरू हो गया और तेजी से शरीर का तापमान बढ़ने लगा। सुबह जब अधिकारियों को सूचना मिली तो डॉ. अली ने उनका परीक्षण कर बताया कि इन्हें ड्राई प्ल्यूरिसी है।

डॉक्टरों द्वारा उनका उपचार किया गया। दो दिन बाद दर्द तो कम हुआ। लेकिन 22 जून की सुबह 4:45 बजे श्यामा प्रसाद जी ने वैद्य गुरुदत्त को जगवाया। गुरुदत्त जब उनके पास पहुँचे तो उन्हें तेज बुखार था और उनके सीने में तेज दर्द हो रहा था। साँस रुकने लग गयी। गुरुदास ने जब गर्म चाय पिलाई तो तो राहत तो हुई। जेल अधीक्षक को जब ये सूचना दी गयी तो उन्होंने तुरन्त ही डॉ. अली को बुलाया। डॉक्टर के परीक्षण के बाद उन्होंने कहा कि श्यामा प्रसाद जी को तुरन्त ही नर्सिंग होम भर्ती करवाया जाये।

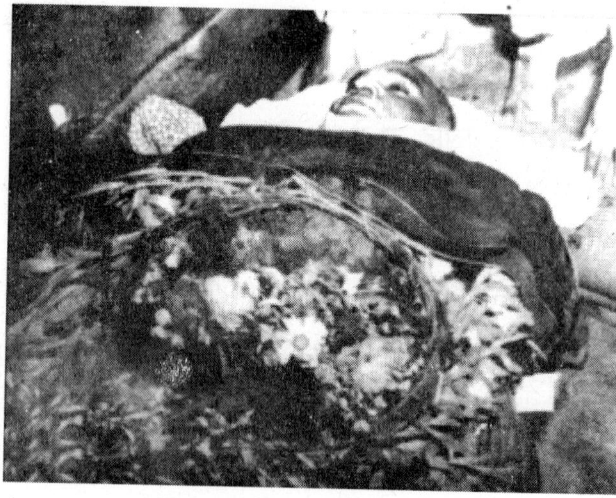

श्यामा प्रसाद मुखर्जी का शव अन्तिम दर्शन के लिए

लेकिन उन्हें 11:30 बजे दिन में एम्बुलेंस के द्वारा सरकारी अस्पताल में ले जाया गया। कुछ देर बाद उनके साथियों को अस्पताल वापिस कर दिया गया। दूसरे दिन सुबह यानी 23 जून, को श्यामा प्रसाद जी के साथी त्रिवेदी जी को खबर मिली की उनकी हालत और खराब हो गयी है। वह तुरन्त मिलने आ जाए। वह अस्पाताल पहुँचे तो देखा श्यामा प्रसाद जी का स्वर्गवास हो गया है। यह सुनकर सभी स्तब्ध रह गये। यह खबर शीघ्र ही सारे देश में फैल गयी। उनका पार्थिव शरीर वायुयान के द्वारा कलकत्ता लाया गया। जहाँ हवाई अड्डे पर भारी जन सैलाब उनके अन्तिम दर्शनों के लिए उमड़ पड़ा। 24 जून, को उनकी शवयात्रा में लाखों लोगों ने शामिल हो भावभीनी श्रद्धांजलि दी।

श्यामा प्रसाद जी के निधन से पूरे देश में शोक व्याप्त हो गया। देश में जगह–जगह श्यामा प्रसाद जी की मृत्यु को लेकर

सरकार के खिलाफ विरोध प्रदर्शन किए गये। लेकिन इनका सरकार पर कोई असर न देख सर्वपल्ली राधाकृष्णन जी ने कहा था—'अपने सार्वजनिक जीवन में वह अपनी अन्तरात्मा की आवाज को व्यक्त करने में कभी नहीं डरते थे। खामोशी से सबसे निर्दयी झूठ बोले जाते हैं। जब बहुत बड़ी ज्यादती होती है, तब इस उम्मीद में चुप रहना आपराधिक होता है कि एक दिन आवाज मिल जाएगी। लोकतान्त्रिक समाज में अपनी बात कह देनी चाहिए खासतौर पर तब जब हम अपने अन्दर ऐसी ताकत पैदा कर रहे हैं कि जो हम नहीं देखना चाहते उसे नहीं देखते हैं।'

श्यामा प्रसाद जी की माँ ने कहा कि बेटे की मृत्यु से उनका दिल बहुत आहत हुआ है। भारत माँ की खातिर मेरे पुत्र ने अपने को बलिदान कर दिया।

प्रधानमन्त्री नेहरू जी ने श्यामा प्रसाद जी की माता को पत्र लिखकर कहा कि 'मैं आपको केवल यही कह सकता हूँ कि मैं इस सच्चे और स्पष्ट निष्कर्ष पर पहुँचा हूँ कि मृत्यु में कोई रहस्य नहीं है। डॉ. मुखर्जी का हर तरह से खयाल रखा गया।'

श्यामा प्रसाद जी की माता जी ने पत्र के उत्तर में कहा कि 'आपकी चिट्ठी पूरी परिस्थिति का एक दुखद वर्णन है। आपका रवैया रहस्य को साफ करने की बजाय और भी गहरा कर देता है। मैं खुली जाँच की माँग करती हूँ। आपके स्पष्ट और सच्चे निष्कर्ष से मुझे कोई मतलब नहीं।'

पूर्व प्रधानमन्त्री श्री अटल बिहारी वाजपेयी कहते हैं कि 'डॉ. मुखर्जी ने देश की अखंडता की रक्षा के लिए भारत के मुकुट

अटल जी साथियों के साथ श्रृंद्धाजंलि देते हुए

कश्मीर को भारत से अलग करने के षड्यन्त्र का पर्दाफाश करते हुए अपना बलिदान दिया। उनकी मृत्यु निश्चय ही संदिग्ध अवस्था में हुई है। इसकी जाँच अवश्य ही कराई जानी चाहिए।'

श्यामा प्रसाद जी आज शरीर से तो हमारे पास नहीं हैं, लेकिन उनके सिद्धान्त और विचारों की धरोहर हमारे पास है। जिसको हम अपने जीवन दर्शन में समाहित कर सकते हैं और देश में एकता और अखंडता को अक्षुण्ण रख सकते हैं।

श्यामा प्रसाद जी की चुनिन्दा उक्तियाँ

- राजनीतिक और सामाजिक न्याय जरूरी है। किसी देश का विभाजन या उस क्लास का अपमान करना जरूरी नहीं है जो नेतृत्व करना चाहता है या ओहदे में बराबरी की माँग कर रहा है। सभी धर्म और जाति के लोगों को हर क्षेत्र में बराबरी का ओहदा मिलना चाहिए।
- हम इस बात का दुख प्रकट नहीं करते हैं कि भारतीय समाज भी पाश्चात्य सभ्यता को सीखने लग गया है, बल्कि इस बात की निन्दा करते हैं कि ये पाश्चात्य सभ्यता भारतीय संस्कृति के बलिदान पर भारत में आया है। हम सबको आवश्यकता थी की इन दोनों सभ्यताओं के बीच सामंजस्य बैठाते ना कि भारतीय सभ्यता को उपेक्षित करते।
- भारत में ब्रिटिश राज्य के 175 साल बाद भी 90 प्रतिशत से ज्यादा भारतीय आबादी अनपढ़ है। ये असहनीय और निन्दनीय स्थिति है जिस पर तुरन्त कोई एक्शन होना चाहिए।
- भारत का यश उसकी राजनीतिक संस्थाओं और सैनिक

शक्ति से नहीं बल्कि उसकी आध्यात्मिक महानता, सत्य और आत्म के विचारों, दुखी मानवता की सेवा में अभिव्यक्त सर्वोच्च शक्ति की विराटता में उसके विश्वास पर आधारित है।

- सामान्यतया, एक भारतीय विश्वविद्यालय राष्ट्रीय पुनर्निर्माण के रहनेवाले अंगों में से एक के रूप में मानना चाहिए। यह एक साथ दोनों आध्यात्मिक और जीवन की सामग्री पहलुओं सम्मिश्रण का सबसे अच्छा साधन की खोज करनी चाहिए। यह इसके पूर्व छात्रों जाति, धर्म या लिंग के बावजूद, अपने लिए न केवल अलग-अलग व्यवसाय और पेशे के लिए लैस करना होगा व्यक्तिगत फिटनेस के साथ नहीं है, लेकिन क्रम में उन्हें सिखाने के लिए आगे बढ़ने के आम कारण उनके व्यक्तित्व में विलय करने के लिए प्रगति और अपनी मातृभूमि की समृद्धि और मानव सभ्यता के उच्चतम परम्पराओं को कायम रखने में है।

श्यामा प्रसाद जी का कालानुक्रम

1901	:	श्यामा प्रसाद मुखर्जी का जन्म हुआ
1921	:	कलकत्ता विश्वविद्यालय से अँग्रेजी विषय में स्नातक
1923	:	कलकत्ता विश्वविद्यालय से बांग्ला विषय में स्नातकोत्तर
1923	:	कलकत्ता विश्वविद्यालय के सीनेट का फैलो मनोनीत
1924	:	लॉ की डिग्री हासिल की
1924	:	कलकत्ता हाई कोर्ट में वकालत की शुरुआत
1924	:	उनके पिता आशुतोष मुखर्जी का देहान्त
1926	:	पढ़ाई के लिए इंग्लैंड चले गये
1927	:	इंग्लैंड से बैरिस्टर बनकर वापस लौटे
1934	:	कलकत्ता विश्वविद्यालय के कुलपति बने
1938	:	कलकत्ता विश्वविद्यालय के कुलपति का कार्यकाल समाप्त हो गया

1941–42	:	बंगाल प्रदेश में वित्तमन्त्री
1944	:	हिन्दू महासभा का अध्यक्ष बने
1946	:	बंगाल विभाजन का समर्थन किया
1947	:	केन्द्रीय मन्त्रिमंडल में शामिल हुए
1950	:	6 अप्रैल को मन्त्रिमंडल से त्यागपत्र दे दिया
1951	:	21 अक्टूबर को भारतीय जनसंघ की स्थापना की
1953	:	11 मई जो जम्मू कश्मीर में प्रवेश करने पर गिरफ्तार कर लिया गया
1953	:	23 जून को मृत्यु।